AF359708

DE L'INFLUENCE CIVILISATRICE
DES SCIENCES APPLIQUÉES AUX ARTS ET À L'INDUSTRIE.

DISCOURS

PRONONCÉ À ORAN, LE 29 MARS 1888,

À LA SÉANCE D'OUVERTURE

DU CONGRÈS DE L'ASSOCIATION FRANÇAISE

POUR L'AVANCEMENT DES SCIENCES,

PAR

M. LE COLONEL LAUSSEDAT,

DIRECTEUR DU CONSERVATOIRE NATIONAL DES ARTS ET MÉTIERS,
PRÉSIDENT DE L'ASSOCIATION.

PARIS.

IMPRIMERIE NATIONALE.

M DCCC LXXXVIII.

DE L'INFLUENCE CIVILISATRICE

DES

SCIENCES APPLIQUÉES AUX ARTS ET À L'INDUSTRIE.

DE L'INFLUENCE CIVILISATRICE

DES SCIENCES APPLIQUÉES AUX ARTS ET À L'INDUSTRIE.

DISCOURS

PRONONCÉ À ORAN, LE 29 MARS 1888,

À LA SÉANCE D'OUVERTURE

DU CONGRÈS DE L'ASSOCIATION FRANÇAISE

POUR L'AVANCEMENT DES SCIENCES,

PAR

M. LE COLONEL LAUSSEDAT,

DIRECTEUR DU CONSERVATOIRE NATIONAL DES ARTS ET MÉTIERS,
PRÉSIDENT DE L'ASSOCIATION.

PARIS.

IMPRIMERIE NATIONALE.

M DCCC LXXXVIII.

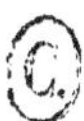

DISCOURS

PRONONCÉ À ORAN, PAR M. LE COLONEL LAUSSEDAT,

À LA SÉANCE D'OUVERTURE

DU CONGRÈS DE L'ASSOCIATION FRANÇAISE

POUR L'AVANCEMENT DES SCIENCES.

Monsieur le Maire,
Messieurs les Membres du Comité du Congrès d'Oran,

L'Association française pour l'avancement des sciences, répondant à votre gracieuse invitation, vient, pour la seconde fois, à sept années d'intervalle, tenir sa session en Algérie.

En traversant la Méditerranée, les membres qui appartiennent à la métropole n'ont fait, en cette saison, que changer avantageusement de climat, et se retrouvent ici au milieu de collègues et d'amis qu'ils ont souvent rencontrés dans les autres congrès.

Je vous remercie, en notre nom à tous, de nous avoir offert l'occasion de voir ou de revoir ce merveilleux pays, dont ceux qui ont appris à le connaître ne s'éloignent jamais sans regret et sans espoir de retour.

Je ne voudrais pas, Messieurs, vous laisser supposer, un seul instant, que je cherche à me concilier votre bien-

2

veillance, dont je ne saurais douter, en exaltant le charme de votre patrie d'adoption, et comme, d'un autre côté, je n'ai aucunement la prétention d'avoir découvert l'Algérie, où il ne m'a été donné de passer que quelques semaines, il y a longtemps déjà, je tiens, avant d'aborder mon sujet, à justifier ce que je viens de dire par un témoignage éclatant que personne ne puisse récuser.

J'emprunterai donc deux passages d'une lettre adressée à son père par M. Charles Tissot, l'éminent diplomate, qui fut en même temps un si éminent géographe africain et dont la mort récente a été une immense perte pour la science et pour le pays.

Peut-être quelques personnes trouveront-elles que mon auteur s'est laissé un peu entraîner par son imagination, ce qui serait tout au moins une preuve que l'on peut devenir un excellent homme d'État sans cesser d'être poète. Mais ceux qui relèveraient des traces d'hyperbole dans ma citation conviendraient, j'en suis sûr, que cette figure est plus gracieuse que la parabole invraisemblable des carpes et des brochets, agrémentée d'images plus violentes encore, de cet autre diplomate, réaliste celui-là, tour à tour sinistre et facétieux, dont l'éloquence propre (*teuto-nica*) offre un merveilleux contraste avec le style virgilien de notre noble et sympathique compatriote.

Voici les deux passages que je tiens à vous lire :

« Si la terre est douce à notre pauvre chrysalide humaine, c'est bien là, sous un ciel admirable, sous les orangers et les lentisques, sur ce sable doré, que baignent les flots bleus de la Méditerranée. Mais, avant d'y dormir, on peut y vivre, et mieux qu'ailleurs. »

Et plus loin :

« . . . cette terre d'Afrique, où j'espère revenir un jour, car il est impossible de l'oublier. Le lotus y pousse toujours, quoique nos savants n'aient pas eu la chance de le retrouver. On le mange évidemment sans s'en douter. »

Que pourrait-on ajouter à cette déclaration enthousiaste, à ce délicieux tableau que j'ai été heureux de rencontrer pour le placer en tête de mon discours? Ce n'est cependant pas, dans mon intention du moins, simplement un frontispice attrayant comme celui qu'un éditeur avisé mettrait à la première page d'un livre qu'il cherche à faire réussir. En lisant les fragments de la lettre de M. Tissot, publiés dans le second volume de son grand ouvrage sur *la Province romaine d'Afrique*, je songeais, malgré moi, à la préface du *Gil Blas* de Lesage et à l'âme de son licencié Pedro Garcias. C'est qu'en effet, en y regardant de plus près, on découvre à la fois dans les deux phrases que je viens de citer un sens délicat et un fortifiant conseil.

Non, il le dit clairement lui-même, M. Tissot ne s'est pas endormi souvent sur le sable doré de la plage ou à l'ombre des orangers ou des lentisques. Il savait qu'on pouvait mieux employer son temps, mieux vivre, et s'il s'était si fortement attaché à cette terre d'Afrique, c'est qu'il y avait trouvé l'occasion de travailler, avec une persévérance et un désintéressement sans bornes, à la fondation d'un édifice dont il entrevoyait la grandeur future. Comme nos braves, nos admirables soldats, comme nos autres hardis et savants explorateurs, comme les intrépides colons qui tous ont contribué, chacun à sa manière, à rendre cette terre française, il avait subi courageusement, sans jamais faire entendre une plainte, les privations et les fatigues.

Il savait, et il en était fier, que c'est à ce prix seulement que les hommes de foi, les dévots de la patrie, peuvent espérer de la maintenir à la tête de la civilisation.

C'est grâce aux laborieuses recherches faites sur tous les points de la Tunisie, de l'Algérie et du Maroc, auxquelles M. Tissot a pris une si large part, car je ne dois ni ne veux oublier ceux qui l'ont précédé ou suivi dans la même voie, que nous savons aujourd'hui, aussi exactement que possible, ce que fut l'Afrique du nord sous la domination romaine.

Et quand nous nous représentons que cette occupation d'un pays, si justement qualifié d'*île méditerranéenne*, a duré pendant près de huit siècles ; quand, indépendamment des restes de monuments innombrables et des autres vestiges, apparents à tous les yeux, de l'industrie et de la prodigieuse activité d'un peuple qui est l'un de nos ancêtres, les épigraphistes nous annoncent qu'ils ont découvert des indices irrécusables de la durée des familles latines et de la longévité des individus qui les composaient ; enfin, quand l'ethnographie, si puissamment aidée par l'anthropologie, vient, à son tour, nous convaincre de la perpétuité, sur le sol africain, de races entièrement analogues à la nôtre, nous pouvons nous rassurer sur l'avenir de la colonisation actuelle du Maghreb par des Européens.

Je craindrais, Messieurs, de m'éloigner du sujet qui doit m'occuper, en me hasardant plus avant sur un terrain que vous connaissez mieux que moi. Qu'il me soit permis, toutefois, d'exprimer un vœu auquel, j'en ai l'espoir, vous vous associerez, si déjà vous ne m'avez devancé.

Nous avons conquis l'Algérie par les armes et, plus heureux que ces hypocrites qui font de Dieu leur complice pour commettre les plus odieux, les plus révoltants anachronismes, nous avons le droit de nous en glorifier hautement; car, après avoir détruit dans la Méditerranée la piraterie, dont l'existence au xixᵉ siècle était une honte pour l'Europe entière, après avoir remplacé son repaire, jusqu'alors inexpugnable, par un port qui offre la sécurité aux marins de tous les pays, nous nous sommes donné cette autre mission, tout aussi méritoire, de faire pénétrer la civilisation dans un pays arriéré, qui en était encore aux mœurs du moyen âge.

Cette mission, nous l'avons déjà accomplie en grande partie, à travers bien des obstacles de toute nature, en creusant des ports, en élevant des phares sur toute la côte, en construisant des routes et des voies ferrées, en développant les anciens centres de population, en en créant de nouveaux, en assainissant le pays, en le cultivant mieux, en essayant, après bien des tâtonnements, de constituer la propriété individuelle, en fondant des institutions de crédit, enfin en ouvrant des écoles et jusqu'à une Université, laissez-moi donner ce nom à l'Académie d'Alger.

La population indigène, qui commence à en ressentir les bienfaits, est-elle vraiment réfractaire à une civilisation que nous voudrions lui imposer? Ne sent-elle pas, dès à présent, les avantages inappréciables que lui procure la sécurité dont on jouit ici tout autant, si ce n'est plus, que dans bien des contrées de l'Europe que je pourrais citer?

Si les changements qui se produisent ou que l'on peut

prévoir troublent les habitudes d'une aristocratie qui a les mêmes défauts et les mêmes qualités que celles dont les traces subsistent encore un peu partout, même chez nous, il faudrait nier l'évidence pour ne pas reconnaître que la marée montante de la science moderne, en prenant partout possession du sol, va effaçant çà et là, plus ou moins rapidement, mais irrésistiblement ces vestiges d'un autre âge, et ce qui doit nous donner la confiance que cette transformation inéluctable achèvera de s'opérer sans de trop violentes secousses, chez les Arabes auxquels je fais allusion en ce moment, — car les Berbères qui ont toujours aimé le travail me semblent hors de cause, — c'est que cette race si bien douée a laissé elle-même dans l'histoire une trace lumineuse dont il ne serait ni juste ni politique de méconnaître la puissante, la bienfaisante influence sur notre propre civilisation.

Presque tous, tant que nous sommes dans ce Congrès, géomètres, astronomes, physiciens, chimistes, médecins, naturalistes, nous employons journellement, dans notre langage scientifique, des mots que nous devons à la renaissance arabe, et nous connaissons les noms vénérés des grands hommes, qui, après avoir préservé d'une destruction complète les chefs-d'œuvre, les trésors de la science grecque, les ont étudiés, commentés, développés, ont fait eux-mêmes de grandes découvertes, créé des sciences nouvelles et des arts nouveaux.

Ou l'atavisme n'est qu'un vain mot, ou bien il ne serait pas surprenant qu'un jour, et c'est là mon vœu, les facultés d'Alger et par la suite celles d'Oran et de Constantine devinssent des foyers intellectuels, non seulement pour les Français d'origine, mais pour les indigènes qui les fré-

quenteraient comme leurs ancêtres ont fréquenté les
écoles célèbres de Bagdad, de Cordoue, de Séville et de
Grenade ou même celles de Tlemcem, de Fez, de Tanger
et de Maroc.

Ce vœu me semble d'autant plus naturel, Messieurs,
que notre langue devient de jour en jour plus familière
aux Arabes, qui prennent plaisir à la parler et dont un
assez grand nombre déjà s'expriment avec facilité, quelques-
uns même, assure-t-on, avec élégance, la plupart avec
un accent irréprochable. Ce symptôme n'est-il pas excellent et, comme le disait, avec autant de bonne humeur
que d'autorité, M. Renan, dans une circonstance récente,
notre langue claire, harmonieuse, gaie, humaine ne se
fait-elle pas aimer et ne nous fait-elle pas aimer avec elle
de tous ceux qui la comprennent bien et que l'envie ou
l'orgueil ne rendent pas sourds et aveugles?

C'est par elle, par les idées élevées et généreuses qu'elle
sait si bien exprimer et faire pénétrer dans les âmes, que
le fanatisme, cette plaie de tous les temps et de tous les
pays, a été victorieusement combattu, sinon détruit entièrement, partout où a pénétré notre littérature, et pourra se
guérir ici comme ailleurs.

Attirons donc à nous, dans nos écoles d'Algérie qu'on
ne saurait trop multiplier, les jeunes générations de toutes
les races, traitons-les avec la même sollicitude, et nous
pourrons bientôt compter sur le dévouement de tous à ce
que, dans leur reconnaissance, ils nommeront la patrie
commune. Si l'on m'accusait d'illusions, je répondrais
que nous avons déjà vu un grand nombre d'indigènes s'attacher sincèrement à la France, et, ici même, aux portes
d'Oran, nous avons éprouvé la fidélité des Douair et des

Smela, au temps des fanatiques prédications d'Abd-el-Kader et de ses rêves ambitieux.

Qui de nous ne s'est senti touché, durant la dernière et funeste guerre de 1870-1871, de la conduite héroïque de nos corps indigènes devant l'ennemi, et que ne serions-nous pas en droit d'attendre de cette race guerrière, quand elle sera devenue définitivement française? Pour ma part, comme soldat, je me fais un devoir d'honorer le souvenir des braves gens qui se sont fait tuer pour sauver avec nous l'honneur du pays. Comme Français encore, je souhaite que nous trouvions les moyens les plus sûrs de convaincre les indigènes de la supériorité, de la nécessité de notre civilisation et de les y rallier le plus promptement possible.

Le sujet que je vais aborder pourrait sans doute, si je parvenais à le traiter comme il le mérite et s'il était bien compris de tous, aider à atteindre ce but.

I.

Mesdames et Messieurs,

En 1872, à Bordeaux, dès la première session de l'Association française pour l'avancement des sciences, j'avais demandé la parole pour traiter un sujet analogue, délicat entre tous, qui répondait, qui répond encore, j'en suis certain, aux préoccupations les plus intimes des membres de l'Association.

Nous étions au lendemain de revers inouïs et, je n'hésite pas à le dire, immérités, car le temps n'est pas éloigné, s'il n'est déjà venu, où l'impartiale histoire, remettant les choses au point, montrera, avec une entière évidence, que

les prétendus torts de la France, en déclarant la guerre
à l'Allemagne en 1870, étaient le résultat inévitable des
sourdes provocations de son envieuse et cauteleuse voi-
sine.

Je m'étais proposé alors d'esquisser le rôle de plus
en plus considérable que la science est appelée à jouer
désormais en temps de guerre.

Je le répète, sans crainte d'être démenti, ce sujet est
resté à l'ordre du jour; mais, quoique je n'aie jamais
cessé de m'en occuper et que je sois prêt à le reprendre
et à le développer partout où l'on voudra, j'ai pensé que
ce n'était point ici le lieu et que mes collègues, en m'ap-
pelant à l'honneur de présider ce Congrès, avaient eu en
vue plutôt le directeur du Conservatoire des arts et
métiers que l'ancien officier du génie.

Si nous avons besoin, d'ailleurs, de recourir à la science
pour améliorer sans cesse notre armement et tout notre
matériel de guerre, mobiliser nos armées, les diriger par
les voies rapides sur les points décisifs, soigner nos ma-
lades et nos blessés, maintenir nos places fortes en état de
défense, protéger nos approvisionnements, en un mot,
nous tenir prêts à toute éventualité, nous savons fort heureusement que la guerre n'est pas l'état normal des sociétés modernes et que, si elle devient une nécessité que
les nations doivent savoir affronter, il y a autre chose
et mieux à faire que de perfectionner sans cesse l'art de
détruire.

Notre Association est profondément convaincue de cette
consolante vérité que l'on sert encore la patrie en servant
l'humanité. En conviant les savants des autres pays à ses
Congrès, elle indique clairement en quelle haute estime

elle tient tous ceux qui sont dans sa voie et qui, comme elle, pensent qu'en pénétrant de plus en plus les secrets et les lois de la nature, on marche vers la concorde et l'on tend à donner un sens rassurant à cette expression nouvelle un peu effrayante, il faut bien en convenir, de la lutte pour l'existence.

Les progrès de la civilisation sont dus, tout le monde est d'accord sur ce point, à la culture simultanée des lettres, des arts et des sciences; selon les tendances de son esprit et celles qui lui ont été imprimées par l'éducation, chacun de nous est, toutefois, disposé à accorder une influence prépondérante à l'une ou à l'autre de ces manifestations de l'esprit humain.

Je ne voudrais pas, pour ma part, paraître céder à une tendance de cette nature, sans m'expliquer.

Assurément l'antiquité et, pour préciser davantage, en choisissant le plus brillant exemple, l'antiquité grecque nous a laissé d'admirables productions du génie de ses poètes, de ses artistes, de ses savants ou de ses philosophes, à ce point que, en dépit de nos efforts, nous désespérons bien souvent de les égaler.

Il y a pourtant une différence essentielle, capitale, entre les chefs-d'œuvre de l'art et de la littérature, d'un côté, et les monuments de la science, de l'autre. Tandis que les premiers resteront éternellement ce qu'ils ont toujours été, d'admirables modèles, les derniers, infiniment respectables, ne sont pas moins depuis longtemps dépassés.

Tels sont, en effet, le caractère et la destinée des œuvres scientifiques les plus fécondes, des découvertes les plus sublimes. Ce sont des jalons, des phares si vous le préférez, sur la route du progrès, où, à moins de cataclysmes, l'esprit humain, ne rétrogradant jamais, s'efforce d'entraîner les sociétés dans sa marche incessante en avant. Mais je dois encore, en faisant appel à vos souvenirs, invoquer d'autres considérations pour justifier ma thèse, qui est celle-ci : notre civilisation actuelle est principalement due aux innombrables et récentes applications de la science.

Dans l'antiquité grecque ou romaine, et nous pourrions remonter encore plus haut, chez des peuples qui ont eu aussi une civilisation très avancée, à en juger par les monuments qu'ils ont laissés, partout on rencontre cette tache honteuse, indélébile, qui ternit l'histoire des sociétés disparues, l'esclavage.

La culture des lettres et des arts, à laquelle on reconnaît le plus habituellement la vertu d'adoucir les mœurs, n'a pourtant modifié en rien les idées des peuples de l'antiquité sur l'état dégradant de ce que l'insuffisance d'autres moyens de travail matériel leur faisait considérer comme un bétail humain nécessaire. Cette culture n'intéressait donc ou n'était censée intéresser que les hommes libres, et bien que certains esclaves eussent autant d'esprit que leurs maîtres et fussent souvent les auteurs des chefs-d'œuvre admirés, ces derniers composaient seuls la nation ou les nations.

Après le renversement et la dislocation du colosse romain et fort avant dans le moyen âge, la confusion est telle qu'il serait bien inutile de rechercher ce qu'était devenue la science au milieu de ces débris de sociétés remplies d'éléments disparates, sans cohésion, incessamment menacées d'un retour complet à la barbarie, en dépit des efforts de quelques hommes de génie pour les préserver de ce danger et pour les régénérer.

3.

Il fallait, il a fallu bien des années, bien des siècles pour que, de cette fermentation humaine, pussent se dégager les idées d'ordre et de justice, des lueurs de vérités capables d'impressionner des esprits hantés, les uns par la crainte, les autres par la conscience brutale du droit du plus fort, tous par les préjugés les plus dangereux et les plus grossiers.

Certains arts furent pourtant cultivés avec une rare habileté pendant une partie de cette période obscure, témoin les splendides monuments dont quelques-uns des plus remarquables subsistent encore, mais la plupart des sciences restèrent bien longtemps négligées, sinon inconnues, des nations répandues sur le sol de l'Europe.

Il n'en était pas de même chez les Arabes, dont l'empire s'étendait alors depuis le cœur de l'Asie jusqu'en Espagne, presque tout le long des côtes de la Méditerranée, et je suis amené de nouveau à leur rendre cette justice qu'après avoir reconnu l'immense intérêt des travaux des savants grecs, ils s'en étaient faits les dignes continuateurs. Quelle part la science a-t-elle eue dans le développement de la brillante et éphémère puissance des Arabes, au temps des khalifes, c'est ce que je ne saurais dire exactement, mais je ne crois pas me tromper en admettant qu'elle ait été considérable.

Quoi qu'il en soit, son intervention n'a pas suffi à garantir d'une décadence rapide une civilisation bien raffinée pourtant, mais qui renfermait des germes trop nombreux de dissolution.

La science n'avait pas encore l'autorité et le caractère de certitude, j'allais dire d'infaillibilité, qu'elle devait acquérir de notre temps, ce qui ne dispense pas les peuples qui la cultivent d'être attentifs aux moindres symptômes d'affaiblissement.

C'est également aux sources vivifiantes de l'antiquité grecque que nos ancêtres d'il y a quatre siècles sont allés puiser à leur tour. Je n'ai pas besoin de rappeler que, fort heureusement, la renaissance en Italie, en France, en Espagne et, de proche en proche, dans toute l'Europe a été à la fois plus complète et plus féconde que ce que j'ai cru pouvoir appeler la renaissance arabe.

Je n'ai pas non plus à vous entretenir des merveilles artistiques et littéraires de cette grande époque, mais je crois devoir m'arrêter quelques instants sur les conséquences évidentes de l'activité scientifique qui s'est manifestée en même temps, et qui a trouvé un si précieux aliment dans les grandes découvertes géographiques qui ont marqué la fin du xve et le commencement du xvie siècle.

Pour peu qu'on ait étudié l'histoire des sciences et de leurs applications les plus utiles et souvent les plus imprévues, on est en effet frappé de l'influence décisive que la découverte de l'Amérique, celle du cap des Tempêtes et les autres hardies entreprises qui les ont suivies ont exercée sur leur développement et, par contre-coup, sur la civilisation.

Les sciences mathématiques se présentent ici en première ligne. L'astronomie, dont les cosmographes et les géographes avaient bien senti, depuis longtemps, le besoin de faire usage, mais qui était encore si peu avancée, devait recevoir de grands perfectionnements avant d'être en état de procurer aux marins les guides célestes, sans lesquels ils ont eu si souvent tant de peine à se reconnaître dans l'immensité des océans. Les progrès ont été incessants depuis cette époque et, par une réciprocité que l'on retrouve dans l'avancement de toutes les sciences, la nécessité pressentie de donner plus de précision à l'astronomie pratique a contribué, sans aucun doute, à faire retrouver d'abord le véritable système du monde, si difficile auparavant à imposer, et, de proche en proche, à révéler le mécanisme de l'univers.

Il est à peine nécessaire d'ajouter que ces résultats d'observations attentives, délicates et persévérantes, aussi bien que des méditations d'hommes de génie ont, à leur tour, puissamment aidé la civilisation, en détruisant une foule d'idées fausses qui en arrêtaient l'essor, en faisant évanouir des préjugés ridicules, des terreurs chimériques comme celle de la fin du monde, des épouvantes subites que produisaient les phénomènes les plus inoffensifs, comme celui des éclipses ou l'apparition des comètes.

Les découvertes que faisaient, de leur côté, les navigateurs, en se multipliant sur tous les points de l'océan, sur les côtes, à l'intérieur des îles et des continents, où débarquaient des hommes de science en même temps que des aventuriers, réduisaient à leurs vraies proportions les fables que l'imagination des poètes et les récits fantaisistes de certains voyageurs du moyen âge avaient accréditées. La physique du globe, la météorologie, les sciences naturelles se dégageaient d'erreurs bizarres et s'enrichissaient, au contraire, de faits du plus haut intérêt, de merveilleuses réalités; enfin, des denrées nouvelles, d'une inestimable importance au point de vue de leurs usages et dont nos climats septentrionaux sont privés, fournissaient au commerce l'occasion de se développer comme il ne l'avait jamais fait et, aux nations de l'Europe, des ressources bien autrement précieuses que l'or, dont l'abondance dans certaines contrées a été la cause de maux irremédiables, sur lesquels vous me permettrez de ne pas insister.

Je ne voudrais pas davantage m'arrêter aux conséquences si regrettables des relations créées ou considérablement accrues par la fréquentation des côtes occidentales de l'Afrique, entre des races dont les unes, considérées comme inférieures, furent si longtemps sacrifiées aux autres, sous le prétexte que certains travaux exceptionnellement pénibles ne pouvaient et ne devaient être exécutés que par elles. Vous voyez que je fais allusion à l'esclavage des noirs, disparu seulement depuis peu d'années dans le nouveau monde et qui n'était ni plus excusable ni plus moral que celui des blancs, si justement reproché aux peuples de l'antiquité.

Je passerai, sans même les énumérer, sur les phases successives de l'état des différentes classes de notre propre société française, depuis le servage, qui était à peine une atténuation de l'esclavage, jusqu'à l'émancipation complète, qui date d'un siècle à peine et qui est due, sans le moindre doute, à l'intervention puissante de la science plus qu'à toutes les autres causes que l'on serait tenté d'invoquer.

On pourrait, en effet, reproduire, au sujet des préjugés qui régnaient dans les classes privilégiées jusqu'au milieu du xviiie siècle, la remarque faite à propos des peuples de l'antiquité. La cour, les grands seigneurs et leurs clients ou leurs familiers étaient persuadés que toutes les conquêtes de l'esprit humain les intéressaient seuls et étaient faites exclusivement pour eux. Le reste de la nation, à bien peu d'exceptions près, leur semblait indigne d'en jouir. Vous connaissez le portrait qu'un écrivain célèbre du règne du grand roi faisait du paysan français. Jamais les ilotes n'avaient été plus méprisés de leurs maîtres.

Cependant le flambeau de la science n'éclairait pas que les sommets de la société. Sa lumière bienfaisante pénétrait partout, suscitant des améliorations considérables dans les arts mécaniques et dans beaucoup d'industries, dont plusieurs devenaient florissantes. Le développement du commerce faisait sentir le besoin de communications plus nombreuses et meilleures, dont l'agriculture devait profiter et la population des campagnes avec elle. De grands esprits, animés du plus pur patriotisme et que les splendeurs de la cour n'éblouissaient pas, poussaient heureusement à ces améliorations et en prévoyaient d'autres qui eussent été sans doute réalisées plus vite sans la fatale révocation de l'édit de Nantes, qui priva la France d'un si grand nombre d'hommes de talent, particulièrement habiles dans les arts et dans les industries qui commençaient à faire sa fortune, et qui allèrent les porter ailleurs.

Deux grands noms, ceux de Colbert et de Vauban, ne doivent jamais être oubliés, quand on parle de ce temps qui est l'aurore de l'ère actuelle.

Les institutions de l'un et les profonds aperçus de l'autre inspirèrent, à coup sûr, les philosophes, qui, pendant le siècle suivant, ont préparé, par leurs écrits, les grandes réformes politiques et sociales réalisées par la Révolution.

Ces philosophes, les économistes, les encyclopédistes, ai-je besoin de le dire, étaient tous des savants. Comme les philosophes de l'antiquité, comme Platon, qui n'admettait à son école que ceux qui étaient géomètres, ils

prisaient avant tout la science qu'ils invoquaient sans cesse
et à laquelle ils enseignaient qu'il faut toujours recourir,
aussi bien pour éclairer les intelligences que pour perfectionner les procédés de l'industrie.

L'œuvre des encyclopédistes, entreprise dans ce double
but, est assurément l'un des monuments les plus remarquables de notre littérature. Elle a été imitée dans presque
tous les pays et renouvelée bien souvent en France; elle
n'a jamais été dépassée, eu égard à la date à laquelle elle
a été publiée; et quand on veut connaître l'état des sciences, des arts, des métiers, des professions les plus variées
pendant la seconde moitié du xviii\ siècle, on ne saurait
prendre un meilleur guide. Or, c'est naturellement par là
qu'il faut commencer pour mesurer le chemin parcouru
depuis cette époque, et les encyclopédistes semblent avoir
voulu, comme j'ai eu l'occasion de le dire ailleurs, faire
l'inventaire des connaissances acquises de leur temps pour
faciliter les progrès ultérieurs.

II.

Mesdames et Messieurs, si je parle avec tant d'enthou-
siasme de *l'Encyclopédie,* c'est d'abord parce que, ainsi
que je viens de le rappeler, c'est une œuvre fondamentale
qui honore singulièrement notre pays, mais aussi et surtout parce qu'il est tout à fait naturel que, dans ce Congrès d'une association encyclopédique elle-même, nous ne
passions pas sous silence les immenses services que ses
auteurs ont rendus les premiers.

Quand la Convention entreprit de reconstituer la

société sur de nouvelles bases, elle n'eut, pour ainsi dire, qu'à s'inspirer, et elle le fit avec un rare bonheur, de l'esprit encyclopédique. La plupart des grandes institutions qu'elle a créées en portent l'évidente empreinte, et il me suffira de citer ici le Muséum d'histoire naturelle, l'École normale, l'École polytechnique et le Conservatoire des arts et métiers.

Je ne pourrais pas, sans m'exposer à être soupçonné de parti pris, dire tout le bien que je pense de ces établissements justement populaires. Je me bornerai donc à faire remarquer que les deux derniers, en particulier, ont été jugés si utiles, ont acquis une telle réputation qu'ils ont été pris pour modèles, sous des noms analogues ou peu différents, dans la plupart des pays de l'Europe et jusqu'en Amérique.

Je m'empresse d'ajouter que, loin de nous en plaindre, nous devons nous féliciter de voir que ces exemples ont été suivis, car cela prouve, de la façon la plus éclatante, que nos pères avaient eu le juste sentiment des besoins des sociétés nouvelles, auxquels on ne saurait, en effet, satisfaire que par la vulgarisation de la science et de ses applications chaque jour plus nombreuses.

D'autres écoles, des musées d'art et d'industrie ont été créés en grand nombre dans le courant de ce siècle. Je suis heureux d'avoir également à mentionner ce fait très significatif que, même avant la Révolution, un grand seigneur, éclairé et pénétré des idées généreuses qui se faisaient jour partout en France, le duc de La Rochefoucauld-Liancourt, avait fondé une école manuelle, qui devint le germe de nos écoles d'arts et métiers, où toutes les sciences pratiques sont en si grand honneur aujourd'hui.

En 1829, l'initiative privée créait encore, en France, cette autre grande institution, l'École centrale des arts et manufactures, destinée à fournir à l'industrie les savants ingénieurs qui lui étaient devenus indispensables.

Partout, aujourd'hui, se multiplient les écoles techniques, les écoles d'agriculture, les écoles de commerce, plus nombreuses, il faut bien l'avouer, à l'étranger que chez nous, et dont il est de notre devoir, comme de notre intérêt, d'encourager, de provoquer la fondation dans nos grandes cités industrielles et commerciales, dans tous les centres agricoles.

Vous savez, d'un autre côté, Mesdames et Messieurs, les efforts, les sacrifices faits pour l'instruction générale de la nation, pour ce qu'on appelle plus justement que jamais l'instruction publique, sacrifices tellement considérables que beaucoup d'esprits timides et nos commissions du budget elles-mêmes s'en inquiètent. Quelles que soient les difficultés qui se font sentir momentanément, il faut l'espérer, rien ne saurait arrêter un mouvement dont l'intensité, au contraire, ne peut que s'accroître.

L'instruction primaire n'est plus, ne pourra plus être réduite à la lecture et à l'écriture ; elle doit comprendre les éléments d'éducation indispensables pour former des citoyens éclairés, pour faciliter aux intelligences d'élite l'accès aux écoles d'un degré plus élevé, enfin pour donner au plus grand nombre l'adresse manuelle, si nécessaire dans toutes les professions. L'instruction secondaire, de son côté, s'efforce de préparer, plus complètement que par le passé, les jeunes générations qui nous suivent à cette lutte pour la vie dont je parlais il y a quelques instants. Or, pour un grand nombre de jeunes

gens, le plus sûr moyen d'y parvenir est de les initier de
bonne heure aux applications de la science.

Enfin, je n'ai pas à parler devant vous, qui appartenez
pour la plupart à l'enseignement supérieur, de ce que
l'État, les grandes villes et souvent aussi l'initiative
privée tentent pour développer notre outillage scientifique,
dans les facultés, dans les laboratoires de tous genres,
dans les observatoires astronomiques et météorologiques;
il faut seulement souhaiter que ces efforts ne se ralentis-
sent pas, car il serait dangereux d'oublier que c'est vers
cet enseignement qu'il faut diriger ceux dont on attend
les plus grands services et qui ont, par conséquent, besoin des plus puissants moyens d'instruction.

En rappelant que la France a fondé les premiers établissements populaires destinés à répandre le goût des
sciences dans toutes les classes de la société et à multiplier
ainsi le nombre des hommes capables d'en faire d'utiles
applications, je n'ai pas prétendu que les autres peuples
soient restés inactifs ou n'aient fait que nous suivre dans
les voies que nous avons ouvertes, il faut pourtant bien le
dire, à travers tant d'obstacles et au prix de tant de sacrifices; mais il m'a semblé légitime de réclamer au moins
le titre d'initiateurs pour nos illustres devanciers, pour
ces savants pleins de foi et de patriotisme dont les noms
sont dans toutes les mémoires. Nous n'avons pas oublié,
en effet, et moins que personne je ne dois oublier ici le
rôle considérable qu'ont joué les hommes de science pendant la période héroïque de notre histoire, où l'existence
même du pays était en jeu, précisément au moment où
ses enfants travaillaient avec tant de dévouement à une
transformation politique et sociale dont devaient béné-

ficier ceux-là mêmes qui combattaient contre eux pour s'y opposer.

J'ai d'autant moins hésité, Mesdames et Messieurs, à invoquer ces souvenirs qu'il est de mode aujourd'hui, dans plusieurs pays voisins, d'essayer d'amoindrir les services que la France a rendus à la civilisation, et cette ingratitude est d'autant plus inexcusable que plusieurs d'entre eux lui doivent leur affranchissement, leur indépendance, presque tous les institutions libres dont ils jouissent. Il est heureusement facile et consolant d'opposer à ces sentiments passagers, dont il ne faut pas s'inquiéter outre mesure, les opinions des plus grands hommes de la fin du siècle dernier, je parle des étrangers, qui ne craignaient pas, à l'heure où leurs gouvernements cherchaient à l'étouffer dans son berceau, à reconnaître dans la Révolution française la rédemptrice attendue depuis si longtemps.

Je pourrais prolonger encore, jusque dans les temps actuels, cet aperçu historique de l'association des progrès de la science et des tendances au perfectionnement social; vous connaissez tous les généreuses tentatives faites par les Saint-Simoniens et par les Fouriéristes et vous savez que ces écoles socialistes, aussi bien que l'école positiviste, renfermaient un grand nombre de savants distingués. Je n'essaierai pas d'expliquer, de mon propre chef, pourquoi ces efforts n'ont abouti, en définitive, qu'à poser certains jalons, à mettre à l'ordre du jour des questions toujours à l'étude et encore loin d'être résolues complètement; mais je vous demande la permission de vous rapporter, à ce propos, la réponse que fit Arago à Saint-Simon, qui le sollicitait d'accorder son haut patronage à l'œuvre de régénération sociale qu'il avait rêvée.

C'est Arago lui-même qui, dans une visite que nous lui faisions, il y a près d'un demi-siècle, mon cher et illustre ami Faidherbe et moi, au nom de nos camarades de l'École polytechnique, nous fit ce récit : « Ne trouvez-vous pas, monsieur Arago, disait Saint-Simon, que notre programme est celui de la justice et de la raison : à chacun selon sa capacité, à chaque capacité selon ses œuvres ? — Il n'y a rien à redire à cela, répondit Arago ; mais si vous saviez combien, dans les examens et jusque dans les élections de l'Académie, nous éprouvons de difficultés à bien classer les jeunes gens et à choisir au mieux nos confrères, vous comprendriez mon hésitation à vous suivre ; tenez, vous savez bien que je suis physicien, eh bien, apportez-moi un capacimètre ! »

Ne croyez pas, Mesdames et Messieurs, que cette spirituelle saillie d'Arago fût une fin de non-recevoir pure et simple de sa part, pour n'avoir pas à s'occuper de la question sociale, dont il ne s'est jamais désintéressé, au contraire. Elle signifiait sûrement que les hommes les plus éclairés ne croient pas qu'il soit aisé de faire table rase de ce qui existe et d'organiser de toutes pièces des sociétés nouvelles, ce qui devrait bien donner à réfléchir à ceux qui, sans avoir l'autorité nécessaire, invoquent aussi la science pour faire accepter des solutions hâtives dont ils seraient peut-être les premiers à regretter les conséquences.

Autant la vraie science a contribué à faire progresser la civilisation et doit s'attacher à perfectionner cette machine délicate, autant elle doit veiller à la préserver avec soin de changements brusques, capables d'en arrêter la

marche. Tel est, si je ne me trompe, le véritable sens de
la réponse d'Arago.

Je ne saurais mieux faire, pour donner encore plus de
poids aux arguments que j'ai essayé de faire valoir, que
de citer le fragment suivant de l'introduction du *Cosmos*
de Humboldt. On ne m'accusera pas, en l'entendant, de
ne jurer que par les savants français, et je saisis cette occasion de déclarer de nouveau, en votre nom comme au
mien, que nous honorons, que nous estimons, que nous
aimons tous ceux qui sont dévoués, comme nous le
sommes nous-mêmes, au culte de la vérité et de l'humanité. Humboldt était un de ceux-là, et, pour ma part,
c'est avec autant de respect que de reconnaissance que je
lui emprunte les sages réflexions, les excellents conseils
que voici :

« L'appréciation égale de toutes les branches des
sciences mathématiques, physiques et naturelles est le
besoin d'une époque où la richesse matérielle des états et
leur prospérité croissante sont principalement fondées sur
un emploi plus ingénieux et plus rationnel des productions et des forces de la nature. Un rapide coup d'œil jeté
sur l'état actuel de l'Europe rappelle qu'au milieu de cette
lutte inégale des peuples, qui rivalisent dans la carrière
des arts industriels, l'isolement et une lenteur indolente
ont indubitablement pour effet la diminution ou l'anéan-
tissement total de la richesse nationale. Il en est de la vie
des peuples comme de la nature, qui, selon une heureuse
expression de Gœthe, « dans son impulsion éternellement
« reçue et transmise, ne connaît ni repos, ni arrêt, qui a
« attaché sa malédiction à tout ce qui retarde ou suspend le

« progrès ». C'est la propagation des études fortes et sérieuses des sciences qui contribue à éloigner les dangers que je signale ici. L'homme n'a d'action sur la nature, il ne peut s'approprier aucune de ses forces qu'autant qu'il apprend à les mesurer avec précision, à connaître les lois du monde physique. Le pouvoir des sociétés humaines, Bacon l'a dit, c'est l'intelligence ; ce pouvoir s'élève et s'abaisse avec elle. Mais le savoir qui résulte du libre travail de la pensée n'est pas seulement une joie de l'homme, il est aussi l'antique et indestructible droit de l'humanité. Tout en faisant partie de ses richesses, souvent il est la compensation des biens que la nature a répartis avec parcimonie sur la terre. Les peuples qui ne prennent pas une part active au mouvement industriel, au choix et à la préparation des matières premières, aux applications heureuses de la mécanique et de la chimie, chez lesquels cette activité ne pénètre pas toutes les classes de la société, doivent infailliblement déchoir de la prospérité qu'ils avaient acquise. L'appauvrissement est d'autant plus rapide que des états limitrophes rajeunissent davantage leurs forces par l'heureuse influence des sciences sur les arts. »

Je devrais peut-être borner là cette citation déjà longue, mais je ne saurais résister à la tentation de vous faire partager le plaisir que j'ai éprouvé moi-même en retrouvant exprimées dans un langage éloquent les idées que je cherchais, de mon côté, à mettre en lumière.

« De même », continue Humboldt, « que, dans les sphères de la pensée et du sentiment, dans la philosophie, la poésie et les beaux-arts, le premier but de toute étude est un but intérieur, celui d'agrandir et de féconder l'intelligence, de même aussi le terme vers lequel les sciences doivent tendre directement, c'est la découverte des lois, du principe d'unité qui se révèle dans la vie universelle de la nature. En poursuivant la route que nous venons de tracer, les études physiques n'en seront pas moins utiles aux progrès de l'industrie, qui est une conquête de l'homme sur la matière. Par une heureuse connexité de causes et d'effets, souvent même sans que l'homme en ait la prévision, le vrai, le beau, le bon se trouvent liés à l'utile. L'amélioration des cultures livrées à des mains libres et dans des propriétés d'une moindre étendue; l'état florissant des arts mécaniques délivrés des entraves que leur opposait l'esprit de corporation; le commerce agrandi et vivifié par la multiplicité des moyens de contact entre les peuples, voilà les résultats glorieux des progrès intellectuels et du perfectionnement des institutions politiques dans lesquels ces progrès se reflètent. Le tableau de l'histoire moderne devrait convaincre ceux dont le réveil paraît tardif. »

Je ne saurais, sans courir le risque d'en amoindrir l'effet, rien ajouter à ce tableau. Si le programme qu'il renferme était universellement adopté et suivi résolument, les nations ne tarderaient pas à se rapprocher de ce but, rêvé par les amis de la paix, de la substitution de l'arbitrage aux maux de la guerre, chez les peuples civilisés.

Que l'Allemagne, pour commencer, suive le conseil si sage de Castelar et nous rende l'Alsace et la Lorraine, inconsolables, comme nous, d'une séparation violente que rien ne justifie, ni les affinités, ni la sécurité du nouvel empire; elle pourrait être assurée que la France républi-

caine n'irait jamais troubler ses savants dans leurs travaux,
dont elle est la première à reconnaître le très grand mérite. Si Humboldt vivait encore, il se porterait garant, j'en
suis convaincu, de nos intentions.

Cet homme éminent et excellent avait, en effet, vécu
à Paris, où il revenait souvent, sans doute parce qu'il y
avait mangé le lotus qui y croît tout aussi bien qu'en
Afrique; il y avait travaillé au Muséum, à l'École polytechnique, dans le laboratoire de Gay-Lussac, avec son
grand ami Arago, à l'Observatoire, avait assisté aux merveilleuses expériences d'Ampère, applaudi aux brillants
débuts du jeune ingénieur voyageur qui devait devenir le
grand chimiste Boussingault, et s'était convaincu, par une
longue fréquentation de nos compatriotes, que les siens
avaient bien tort de traiter cette France sympathique d'en-
nemie héréditaire, expression lamentable que l'on pourrait si aisément et plus justement retourner.

J'ose affirmer que ce grand esprit eût été profondément
affligé s'il avait pu prévoir que ce serait de son pays qu'un
jour serait lancée cette sentence tristement célèbre, em-
pruntée sans vergogne aux temps de la barbarie et qu'il
eût tout le premier considérée comme un symptôme non
équivoque de décadence intellectuelle et morale chez ceux
qui se la laisseraient imposer comme un article de foi.

III.

Rassurez-vous, Mesdames et Messieurs, je n'ai pas l'intention de traiter de la morale ou de la politique et de
leur influence sur la civilisation. J'ai saisi simplement l'occasion de protester indirectement contre une doctrine à la

fois basse et dangereuse, celle de l'admiration du succès,
à laquelle se laissent entraîner bien des gens, à leur insu,
et que la science réprouve aussi bien que la morale, comme
elle réprouve tout ce qui est faux et qui peut faire dévier
l'esprit humain de sa droiture naturelle. Je reprends donc
ma tâche beaucoup plus modeste, qui consiste à préciser,
autant que je le pourrai, la part dont on doit faire honneur aux sciences appliquées aux arts et à l'industrie dans
le mouvement de transformation commencé au siècle dernier et qui s'est si prodigieusement accentué sous nos yeux.

Vous avez même pu remarquer que je m'étais abstenu,
dans l'aperçu historique qui précède et dans l'énumération
des fondations qui correspondent à la phase d'accélération
de ce mouvement, de parler de plusieurs autres grandes
institutions, dont quelques-unes lui sont antérieures et
n'honorent pas moins notre pays et les pays voisins, comme
le Collège de France, le premier en date, les académies,
les sociétés savantes, les écoles destinées à la culture des
beaux-arts et de l'érudition, les musées, les bibliothèques,
en un mot, les foyers d'où rayonne la lumière et qu'il faut
entretenir avec autant de sollicitude que de respect.

Dans ce que je crois encore avoir à vous dire, je m'en
tiendrai aux faits scientifiques ayant conduit à des résultats
pratiques remarquables que je choisirai parmi ceux qui
caractérisent le mieux notre époque.

Et d'abord, si les siècles précédents ont vu naître les
académies, qui, les premières, se sont donné la mission
de provoquer les découvertes utiles en signalant les desiderata de la science à l'attention des chercheurs, nous
pouvons revendiquer pour le nôtre l'heureuse idée d'avoir
favorisé des réunions plus nombreuses d'hommes instruits

ou habiles dans toutes les professions, par les expositions nationales et internationales, par les comices agricoles, enfin par les congrès. Or, ces réunions, qui tendent de plus en plus à se multiplier, ont déjà produit d'immenses résultats, en permettant des comparaisons, en réveillant, en excitant l'amour-propre des individus et l'amour-propre des différentes nations qui y prennent part, en provoquant des discussions d'où sortent toujours d'utiles enseignements pour tous.

Dans le rapide exposé que je voudrais m'efforcer de faire devant vous, je me placerai naturellement aux points de vue qui me sont le plus familiers. En agissant autrement et en voulant trop embrasser, je m'exposerais à dépasser ma compétence, et je ne suis pas bien sûr, même en me limitant, de ne pas fatiguer votre attention. Si ma démonstration n'est pas complète, je tâcherai néanmoins qu'elle soit concluante.

Les mathématiques, si brillamment cultivées en France, ont été, personne ne l'ignore, la source du perfectionnement de la plupart des sciences d'observation. L'astronomie, l'une des plus anciennes et des plus parfaites, est peut-être celle qui doit aussi le plus à la géométrie et à l'analyse. C'est un puissant géomètre, l'immortel Newton, qui, en simplifiant, en condensant en une seule les lois des mouvements des astres, a créé la mécanique céleste, cette science essentiellement mathématique qui guide sûrement les astronomes et leur permet de se rendre compte des dernières circonstances de ces mouvements par la comparaison des résultats du calcul et de ceux de l'observation. L'accord de plus en plus grand auquel on est parvenu a permis de prédire, assez longtemps à l'avance, avec une très grande exactitude et pour un instant déterminé, les positions que doivent prendre les astres dans le ciel.

Au point de vue philosophique, on ne saurait rien trouver de plus admirable; mais ce qui ne l'est pas moins, ce que je tiens à faire ressortir, c'est que si la navigation à vapeur, avec les énormes vitesses que nous lui connaissons, a pu être tentée, on le doit, en définitive, à la persévérance, à la sagacité, au génie de plusieurs générations de géomètres et d'astronomes. Sans la perfection actuelle de ces éphémérides, qui sont publiées en France sous le nom de *Connaissance des temps,* cette navigation serait trop dangereuse pour qu'on pût songer à la pratiquer. Je ne pense pas que l'on trouve jamais, si cela était nécessaire, un plus puissant argument en faveur de l'utilité pratique des sciences de l'ordre le plus élevé.

Quoique l'étude de la constitution physique des astres semble s'écarter un peu de mon sujet, je ne crois cependant pas pouvoir passer sous silence les résultats obtenus à l'aide de ces deux nouveaux et précieux agents, la photographie et la spectroscopie. Après les merveilles révélées par le télescope, depuis Galilée jusqu'à nos jours, après la découverte de l'essaim de petites planètes situées entre Mars et Jupiter, contemporaine de celle de Neptune et qui a été bientôt suivie par celle des relations qui existent entre les comètes et les étoiles filantes, beaucoup d'astronomes croyaient que leur science était bien près d'avoir dit son dernier mot, et l'on espérait à peine ajouter quelque chose à la démonstration faite par Arago, à l'aide du polariscope, que la surface du soleil est à l'état gazeux. C'est donc avec autant de surprise que d'admiration que l'on a

vu les corps célestes les plus éloignés de nous se prêter
à un nouveau genre d'analyse chimique, indiqué par deux
savants allemands, aussi facilement que s'il s'agissait d'objets avec lesquels nous sommes en contact, que nous
manions à notre gré et dont nous pouvons faire varier
l'état à l'aide des agents naturels dont nous disposons. On
n'a pas moins été surpris, au fur et à mesure que la photographie se perfectionnait, de la docilité avec laquelle la
lumière des astres les plus difficiles à étudier et même de
ceux que l'on aperçoit à peine dans les lunettes fixait leurs
images sur les plaques sensibles.

La conférence faite, l'année dernière, à Toulouse, par
M. Janssen, me dispense d'insister sur l'état actuel d'une
branche de la science qu'il a si bien étudiée. Je ne saurais
cependant négliger de faire remarquer que notre siècle a
vu ainsi se confirmer et se développer, d'une manière inat-
tendue, la conception grandiose de l'unité du monde physique, qui remonte à Galilée, à ce grand homme pour qui
nous ne saurions professer une trop vive reconnaissance,
le fondateur de l'astronomie physique, le véritable précur-
seur de Newton, le créateur de la mécanique moderne.
Je suis amené ainsi naturellement à vous rappeler la belle
expérience de Foucault, dont le pendule, oscillant au centre
de la coupole du Panthéon et dévié par la rotation de la
terre, a été la plus éloquente traduction que l'on ait jamais
faite de la mélancolique protestation de l'illustre philosophe
condamné à nier ce qu'il savait être la vérité.

Je suis obligé, bien malgré moi, de ne pas m'arrêter
aux conséquences ingénieuses auxquelles sont arrivés les
physiciens, les astronomes et les géologues, les uns en re-
courant aux propriétés les plus délicates de la lumière,

les autres en comparant la périodicité des variations du magnétisme terrestre avec celle de certains phénomènes célestes ou en étudiant attentivement la structure et la composition des météorites. Il y a là des faits d'une haute importance parfaitement constatés, qui ont mis sur la trace de lois seulement entrevues jusqu'ici et dont la découverte est réservée à l'avenir.

Je ne terminerai pas cette esquisse des plus récents progrès de l'astronomie sans reconnaître qu'ils sont dus, sans doute, à l'attention scrupuleuse, à la perspicacité des observateurs, mais aussi à l'habileté des constructeurs qui exécutent pour eux des instruments de mesure et d'investigation qui sont de véritables merveilles.

Enfin, je ferai remarquer que les astronomes, aussi bien que la plupart des autres savants et des ingénieurs, ont trouvé avantageux de soulager leur attention, tout en multipliant le nombre de leurs observations, par l'emploi d'appareils automatiques dans la construction desquels l'électricité et la photographie jouent les principaux rôles. Il m'est arrivé à moi-même, il y a vingt-huit ans, précisément en Algérie, de composer un instrument de ce genre, connu aujourd'hui sous le nom de *photohéliographe horizontal*, dont nous avons fait usage, mon collègue Aimé Girard et moi, pour observer l'éclipse de soleil du 18 juillet 1860, à Batna. C'est cet instrument, dont les proportions ont été considérablement amplifiées, qui a servi entre les mains des astronomes français et des astronomes américains, en 1874 et en 1882, à l'observation des passages de Vénus, dont on devait déduire, avec la dernière précision, la distance de la terre au soleil, cette donnée fondamentale des dimensions du système solaire.

Ai-je besoin de rappeler le congrès d'astronomes venus, l'année dernière, de tous les points du globe, à la demande de l'amiral Mouchez et sur l'invitation du Gouvernement français, à l'Observatoire de Paris, pour arrêter les conditions dans lesquelles doit être entreprise la carte photographique du ciel, en prenant pour point de départ les travaux si remarquables de MM. Henry frères. On trouverait difficilement une meilleure preuve du besoin d'entente entre les savants de tous les pays, et il y a lieu de remarquer, en effet, qu'il importait, pour la rapidité de l'exécution, d'obtenir le concours du plus grand nombre possible d'observatoires; à quoi il faut ajouter qu'avant la photographie, même en y consacrant des siècles, même en y employant des milliers d'observateurs, on ne serait jamais parvenu à élever un monument comme celui dont on vient de jeter les bases.

En passant de l'astronomie à la géodésie, nous retrouverons les mêmes méthodes d'observation et des instruments analogues, de dimensions plus réduites seulement, et nous constaterons que cette science si française, après avoir subi pourtant chez nous un temps d'arrêt, a repris son essor, grâce à l'intervention et à l'insistance du Bureau des Longitudes, qui avait rencontré, dans la personne de notre sympathique collègue, le général Perrier, dont nous déplorons la mort prématurée, un auxiliaire d'un dévouement à toute épreuve, qui laisse heureusement après lui des collaborateurs distingués pour continuer sa tâche.

C'est en Algérie que les géodésiens français ont exécuté leurs plus récents et leurs plus importants travaux, destinés, d'une part, à servir à l'établissement de la belle carte au 5o,oooᵉ qui est en cours de publication et à continuer, d'un autre côté, l'étude de la figure de la terre. Les deux plus grands triangles qui aient jamais été mesurés sont ceux qui ont servi, en 1879, à prolonger la méridienne de France et d'Espagne en Algérie. Les deux sommets algériens, M'Sabiha et Filhaoussen, sont dans la province d'Oran, et le premier est tout près d'ici.

En 1858, après avoir assisté à la mesure de la base centrale de la triangulation espagnole et après un voyage fait à Grenade pour compléter les renseignements que je tenais d'officiers du génie, mes camarades, qui avaient souvent aperçu les cimes de la Sierra-Nevada des environs d'Oran et de ceux de Nemours, j'avais proposé, en rentrant en France, d'entreprendre cette opération. On était malheureusement dans la période d'atonie à laquelle je viens de faire allusion, et j'étais occupé ailleurs quand elle fut décidée, ce qui ne m'a pas empêché d'y prendre le plus grand intérêt et de faire connaître, cinq ans auparavant, dans une lettre adressée à M. Élie de Beaumont, mon avis sur la nature des signaux auxquels il fallait donner la préférence. J'ai applaudi naturellement à un succès qui faisait le plus grand honneur à nos officiers et aux officiers espagnols, à mon excellent ami, le général Ibañez, en particulier [1].

La grande tradition des académiciens français, qui ont obtenu les premières déterminations précises de la grandeur et de la figure de la terre, d'où ils ont eu l'heureuse inspiration de faire sortir le système métrique actuel, se trouve ainsi renouée, et notre pays est désormais digne-

---

[1] J'ai cru que cette digression était bien permise à l'ancien professeur d'astronomie et de géodésie de l'École polytechnique, qui, en cette qualité, n'a cessé de faire ses efforts pour ranimer le goût de la géodésie en France.

ment représenté à l'Association géodésique internationale de l'Europe centrale créée à Berlin, il y a un peu plus de vingt-cinq ans.

Ce ne serait pas ici le lieu d'entrer dans le détail des travaux de cette Association; il me suffira de dire qu'aujourd'hui l'Europe entière est couverte d'un réseau de triangles *invisibles*, mais qui n'ont pas moins servi à la construction des grandes cartes topographiques, dont les usages sont si variés et si précieux et dont vous êtes heureux de trouver des réductions dans les guides que vous emportez dans vos voyages.

Je ne vous entretiendrai pas des progrès apportés à la construction des instruments d'arpentage et de nivellement, qui ont popularisé, en France, les noms du major italien Porro et du colonel Goulier, et je m'abstiendrai aussi de vous parler de l'emploi que l'on a fait du paysage en général et de la photographie en particulier pour étudier le terrain et pour lever des plans : on me reprochcrait peut-être de trop insister sur mes propres travaux; je sais, d'ailleurs, que le temps s'écoule et que j'ai encore beaucoup à dire.

Je viens de rappeler que c'est aux académiciens français que l'on doit le système métrique décimal, si simple et si commode, qui a remplacé chez nous et dans plusieurs autres pays les systèmes compliqués et variés de poids et mesures qui rendaient, autrefois, les transactions si difficiles. Je ne dois pas manquer d'ajouter qu'une commission internationale, instituée depuis dix-neuf ans et dont les travaux touchent à leur terme, a définitivement adopté notre mètre et notre kilogramme, au nom d'un grand nombre de gouvernements étrangers. Il serait superflu de faire ressortir l'importance de cet accord au double point de vue scientifique et commercial.

Déjà, comme conséquence naturelle, les savants réunis en congrès, à Paris, en 1881, à l'occasion de l'exposition internationale d'électricité, ont décidé que les unités électriques, dont l'usage est désormais si répandu, seraient rattachées au système métrique décimal.

Les unités de longueur, de masse et de temps, qui ont servi à les définir, sont, en effet, le centimètre, le gramme et la seconde. C'est ce qu'on est convenu d'appeler le système C. G. S., des initiales de ces trois mots. Il subsiste pourtant encore une légère anomalie dans ce système, car la seconde adoptée est la seconde sexagésimale, et beaucoup d'astronomes et de géodésiens regrettent de ne pas voir étendre définitivement le système décimal à la mesure du temps et à la division de la circonférence. Mais je me hâte d'abandonner un sujet sur lequel l'accord n'est pas fait et je laisserai également de côté celui de la fixation du premier méridien, qui intéresse tant les marins et les géographes, parce qu'il est dans le même cas, c'est-à-dire irrésolu.

<h2 style="text-align:center">IV.</h2>

Les sciences dont je viens de m'occuper ont assurément préparé les esprits et agi puissamment sur ceux qui avaient une culture suffisante; j'arrive à celle qui a, sans contredit, produit les résultats les plus considérables, les plus sensibles à tous les yeux, la mécanique industrielle.

Les principes de cette science ne diffèrent pas de ceux de la mécanique céleste et les progrès de celle-ci ont singulièrement servi à la première, qui est de création plus récente. C'est, en effet, seulement depuis que les machines se sont tant multipliées, c'est-à-dire dans le courant de ce siècle, qu'on a mieux compris le besoin de les construire de manière à utiliser le plus économiquement possible les forces dont elles reçoivent l'impulsion et qu'elles sont chargées de transformer.

Notre illustre Poncelet, qui a créé le cours de machines à l'École d'application de Metz, il y a soixante ans, a donné, le premier, d'excellents exemples de la marche à suivre pour atteindre ce but. Aussi est-il souvent désigné, pour ce motif, sous le nom de Newton de la mécanique industrielle.

Les procédés employés pour mesurer ce qu'on appelle le rendement d'une machine lui sont également dus pour une bonne part. Ils ont été pratiqués et perfectionnés, au Conservatoire des arts et métiers, par l'un de mes prédécesseurs, le général Morin et par son digne collaborateur Tresca, et c'est l'un des titres de cet établissement à la reconnaissance des ingénieurs-mécaniciens, que je ne pouvais me dispenser de mentionner ici.

Aussi bien, cette importante considération du travail utile des machines est-elle devenue l'une des principales préoccupations des industriels, car elle est immédiatement liée à celle du prix de revient de tout ce qui se fabrique aujourd'hui.

L'universalité de l'emploi des machines et ses conséquences sont trop connues pour que j'aie besoin d'y insister ; je ferai seulement remarquer que l'homme, en s'appliquant à tirer parti des forces naturelles apparentes ou latentes, qui lui procurent le moyen de produire une quantité de travail prodigieuse, n'a pas tardé à reconnaître qu'il devait procéder avec d'autant plus de méthode qu'il se déchargeait sur les machines de la plus grande partie de la peine qu'il prenait auparavant pour manier lui-même avec adresse les outils qu'il employait. De là toutes ces ingénieuses inventions, ces mécanismes proprement dits qui transmettent, avec toutes les modifications néces-saires, la force initiale à la matière que l'on veut façonner; de là aussi la nécessité d'étudier de plus en plus attenti-vement chacune des fonctions des machines, les propriétés des agents naturels qui les mettent en jeu, celles enfin des matériaux employés à leur construction.

Par une sorte d'enchaînement d'idées très naturel, ce dernier besoin a donné naissance à une science, à peine ébauchée auparavant, qui intéresse au plus haut degré la stabilité, la conservation de nos grandes constructions modernes et qui est désignée, un peu elliptiquement, sous le nom de *résistance des matériaux*. C'est grâce à cette science, créée en grande partie, nous avons le droit d'en être fiers, par les ingénieurs français, qu'ont pu être exé-cutés solidement et aussi économiquement que possible les prodigieux travaux d'art qui ont permis aux chemins de fer de traverser les contrées les plus accidentées. Si les premiers essais de ce genre de travaux font honneur au génie des constructeurs anglais ou américains dont la té-mérité n'a pas toujours été sans danger, personne n'ignore que la plupart des pays de l'Europe ont eu recours à nos compatriotes pour projeter et pour exécuter ces viaducs, ces ponts gigantesques sur lesquels circulent sûrement des trains de voyageurs et de marchandises.

Je pourrais, à ce propos, indiquer les conséquences de l'introduction de la machine à vapeur et plus récemment de l'électricité dans ce que l'on a été tenté si souvent d'appeler l'organisme des sociétés modernes, mais elles sont assez évidentes et ont déjà été envisagées à trop de points de vue pour qu'il soit nécessaire de nous y arrêter.

Il m'a semblé préférable d'appeler votre attention sur certains faits plus humbles en apparence et qui n'ont pas moins une très grande portée. C'est du degré de résistance des matériaux et de leur étude que je veux parler.

La science dont je viens de constater le puissant intérêt a, en réalité, pour objet la détermination des formes et des dimensions des différentes parties d'une construction, suivant la position qu'elles y occupent et la nature des matériaux dont elles sont composées. C'est sur ce dernier point qu'il faut, avant tout, que l'ingénieur soit éclairé.

Autrefois, c'était après un examen sommaire que l'on jugeait de la qualité des pierres, des bois et des métaux. Aujourd'hui, c'est avec la plus scrupuleuse attention que les bons constructeurs procèdent à cet examen, et des instruments à la fois puissants et délicats, capables de fournir les mesures les plus précises, ont été imaginés dans ce but.

Les grands ateliers de construction, les compagnies industrielles et quelques-uns de nos établissements publics, comme l'École des ponts et chaussées et le Conservatoire des arts et métiers, possèdent des laboratoires de mécanique plus ou moins complets. Je reviendrai peut-être, avant de terminer, sur le développement qu'ont pris ces laboratoires à l'étranger; mais je tiens auparavant à faire remarquer que c'est au soin avec lequel on procède au choix des matériaux, à la méthode expérimentale et scientifique qui préside aux travaux de mécanique que nous devons la sécurité dont nous jouissons dans les trains

de chemins de fer et sur nos magnifiques paquebots mé-
diterranéens et transocéaniques.

Comme conséquence capitale de l'exigence et des scru-
pules si naturels que je viens de signaler, je suis, pour
ainsi dire, obligé de mentionner les admirables progrès
de la métallurgie, cette science à laquelle la mécanique
ne s'adresse plus désormais sans obtenir d'elle qu'elle sa-
tisfasse à ses desiderata les plus variés. Je ne crains pas
d'affirmer que ce sont bien les besoins de la mécanique
qui ont donné l'élan à ces progrès et déterminé, par conséquent, la révolution qui a eu pour résultat de faire li-
vrer à l'industrie des produits de qualité très supérieure
à bien meilleur marché que ceux dont on se contentait
auparavant. Toutes les professions en ont largement bé-
néficié, ainsi d'ailleurs que des progrès de la mécanique
elle-même, et, depuis l'aiguille de la couturière ou celle
de la machine à coudre, la plume de l'écrivain, le scalpel
et les autres instruments du chirurgien jusqu'à la ferron-
nerie artistique, qui renaît après une éclipse de près d'un
siècle, presque tout ce que nous touchons, ce que nous
voyons autour de nous et qui est façonné, ne l'a été,
dans bien des cas, qu'avec l'aide de l'un ou de l'autre,
quelquefois avec le concours de ces deux arts. Souvent
même, les objets qui nous sembleraient avoir échappé à
leur intervention sont ceux qui leur doivent le plus. Nos
habitations, notre mobilier, nos vêtements, un grand
nombre de nos aliments nous en fourniraient des exemples
sans nombre.

Il faut pourtant reconnaître qu'elles ne sont pas seules
et qu'elles ont fréquemment pour auxiliaire indispensable une autre science, populaire comme elles et qui

mérite tout autant de l'être. C'est la chimie, dans la dé-
pendance de laquelle s'est trouvée, d'ailleurs, pendant
longtemps, la métallurgie émancipée seulement depuis
qu'elle a acquis une si grande importance.

Mais vous n'attendez pas de moi, Mesdames et Messieurs, que j'entreprenne l'histoire des services rendus par
cette fée moderne qui a aidé à réaliser tant de merveilles,
depuis la découverte des corps simples, à laquelle elle a
conduit ceux qu'elle guidait par cette première voie féconde, l'analyse, jusqu'à celle des procédés qu'elle leur
a suggérés pour leur faire obtenir synthétiquement des
minéraux et même certaines pierres précieuses et, plus
encore, les matières organiques dont la nature semblait
s'être réservé le monopole, en ne les produisant que dans
des êtres qui sont autant de laboratoires où elle fait in-
tervenir cet agent mystérieux, la vie. Ce serait une tâche
au-dessus de mes forces que d'essayer même l'ébauche
d'un tableau qui exigerait une main exercée et l'emploi
de la palette la plus variée.

Vous savez assurément, aussi bien et mieux que moi
peut-être, tout ce que nous devons à cette science, qui
préside à la fabrication d'innombrables produits usuels,
utiles, agréables à la vue, d'une foule d'autres objets né-
cessaires à la vie, à l'hygiène et par conséquent à la santé,
qui est réellement, comme je le disais tout à l'heure, une
fée bienfaisante ou mieux encore une véritable providence.
N'est-ce pas elle, en effet, qui a éclairé l'agriculture d'un
jour tout nouveau? N'est-ce pas elle qui fournit aux médecins et aux chirurgiens leurs remèdes les plus efficaces,
les plus sûrs; les anesthésiques au moyen desquels ils
suppriment la douleur, les antiseptiques si précieux pour

nous mettre à l'abri des invasions de ces êtres dangereux et invisibles, que le génie de Pasteur a découverts et
signalés à la vigilance de tous?

Je ne pourrais pas, d'ailleurs, séparer la chimie de cette
autre science, sa devancière, je veux dire la physique,
tout aussi merveilleuse qu'elle, dont les derniers progrès,
intimement liés aux siens, dépassent tout ce que nos pères
eussent osé rêver. S'ils ont connu, en effet, la boussole,
le thermomètre, le baromètre, le télescope et le micro-
scope; s'ils ont expliqué, au grand profit de la raison
humaine, les phénomènes les plus étonnants ou les plus
effrayants, comme l'arc-en-ciel et la foudre; s'ils ont su
faire le vide et pressentir la puissance de la vapeur, il est
bien probable, on pourrait dire certain, que les nouveautés
invraisemblables dont nous sommes les témoins, et dont
nous faisons, dès à présent, un si prodigieux usage, les
eussent trouvés incrédules devant celui qui les aurait pré-
dites sans preuves.

J'aurais à peine besoin de nommer la photographie et
l'électricité, dont les applications ne se comptent plus, et
dont l'un des plus beaux états de service est d'avoir vraiment fondé la météorologie, dont je regrette de ne pouvoir pas vous entretenir comme elle le mérite. Je join-
drais volontiers aux deux premières la polarisation et la
spectroscopie, en attendant que l'on puisse réaliser la
photophonie, que nous remplaçons provisoirement, en
Algérie et ailleurs, par la télégraphie optique, créée, on
l'oublie trop, pendant la défense de Paris, par une commission que j'avais l'honneur de présider.

Si les sciences physiques sont inséparables, et la plupart des branches que je viens de nommer en sont autant

de preuves, les sciences naturelles s'y rattachent elles-mêmes par bien des côtés et les sciences économiques les embrassent toutes et en suivent les résultats avec la même sollicitude.

Que les agronomes, que les naturalistes en général et mes amis les géologues en particulier, que les médecins, les hygiénistes et les économistes veuillent bien m'excuser si je n'ai pas fait ressortir les services considérables que les sciences qu'ils cultivent rendent à l'humanité et à la civilisation. Que serions-nous et que ferions sans elles qui nous nourrissent, nous procurent tous les matériaux que nous employons, nous enseignent à les produire ou à les découvrir, nous préservent des maladies, nous en guérissent ou tentent au moins de nous en guérir, et je demande aux économistes et aux statisticiens la permission de les mettre ici sur la même ligne que les médecins, car s'ils ne trouvent pas toujours les remèdes à tous nos maux, ils ne se font pas faute, avec leurs tableaux et leurs chiffres, de nous donner des avertissements. Ai-je besoin d'exprimer encore une fois ma reconnaissance et mon admiration pour les savants voyageurs, pour les hardis explorateurs, qui, trop souvent au péril de leur vie, continuent à nous ouvrir le monde? Je n'ignore pas, enfin, les services considérables qu'est appelée à rendre cette science nouvelle et déjà si avancée, l'anthropologie, qui semble avoir été inspirée par la célèbre maxime de l'antiquité : γνῶθι σεαυτόν, connais-toi toi-même.

V.

J'ai bien peur, Mesdames et Messieurs, d'avoir déjà outrepassé la limite de votre patience ; mais, si je ne suis pas orfèvre, je suis un peu mathématicien ; je représente, en particulier, les arts mécaniques et je crois sincèrement, en dehors de tout parti pris, que la mécanique est la grande émancipatrice, qu'elle a bien réellement fourni le levier que réclamait Archimède. Je vous demande donc, avant de terminer, la permission de le prouver. Voulez-vous savoir quelle est la quantité de travail que pourraient produire les moteurs à vapeur qui existent à la surface du globe ? D'après les calculs les plus modérés, la puissance totale de ces moteurs dépasserait 45,000,000 de chevaux, et un autre calcul, facile à faire, montrerait que tous les hommes valides réunis ne parviendraient pas à produire la moitié de cette puissance. Il ne semble pas douteux, d'après cela, que si les machines avaient toujours existé, l'esclavage n'aurait jamais eu de raison d'être, et quand on étudie attentivement les causes de la guerre de sécession, aux États-Unis, on demeure convaincu que c'est bien la mécanique qui a donné le coup de grâce à cette institution barbare et surannée.

L'habileté des Américains du Nord dans les arts mécaniques est proverbiale et toutes leurs industries, l'agriculture comprise, emploient des machines conduites par des mains libres. Dans les États du Sud, où l'on cultive surtout la canne à sucre et le coton, on maintenait le régime de l'esclavage sous le prétexte qu'il était indispensable pour faire réussir cette culture. L'expérience est faite aujourd'hui et il est avéré qu'avec le travail libre, et les machines aidant, la production du coton a plus que doublé. Que pourrait-on ajouter à cette démonstration ?

Avant de quitter l'Amérique, je voudrais bien vous dire, en restant dans mon sujet, quelques mots de ce que j'ai été à même d'y voir pendant un voyage fait à la fin de l'année 1886. Un de nos plus grands chimistes n'a-t-il pas dit que l'on pouvait juger du degré de civilisation d'une nation à la quantité de fer qu'elle produit et qu'elle consomme? Si cela était vrai, les États-Unis occuperaient dès à présent le premier rang, car la statistique nous apprend que, sur les 520,000 kilomètres de chemins de fer qui existent à la surface des continents, les États-Unis seuls, sans compter le Canada, en ont construit 290,000, c'est-à-dire plus de la moitié. Je sais bien que les Américains ont été accusés, non sans raison, de procéder trop sommairement à l'établissement des voies et à la construction des travaux d'art. Leur excuse était dans la nécessité d'aller vite dans un pays où les distances à parcourir sont si considérables, et, dans les premiers temps, le personnel instruit, ingénieurs, dessinateurs, surveillants, était insuffisant.

Les choses ont bien changé aujourd'hui, et c'est le seul point que je veuille relever ici. Non seulement les grandes sociétés industrielles sont pourvues des instruments de contrôle les plus ingénieux et les plus exacts pour mesurer la résistance des matériaux et pour vérifier les pièces des machines ou des ouvrages qu'elles construisent, mais toutes les écoles techniques, et elles sont extrêmement nombreuses, sont admirablement outillées sous ce rapport. Dans les seuls États du Nord-Est, j'ai pu en visiter une dizaine, dont six au moins offraient des installations qui laissaient bien loin derrière elles les ébauches de laboratoires de l'École des ponts et chaussées et du Conservatoire des arts et métiers que j'ai citées plus haut.

Est-il besoin de faire remarquer les avantages que

doivent retirer l'art de l'ingénieur et les industries qui s'y rattachent d'une organisation qui permet aux professeurs de disposer de tous les moyens de recherches dont ils ont besoin, et aux élèves eux-mêmes de s'initier à l'emploi des instruments de mesure et à la science de l'expérimentation?

Il faut bien que l'on sache aussi que la plupart des peuples de l'Europe ont suivi cet exemple, et quelques-uns même n'ont, dès à présent, plus rien à envier aux Américains. Notre pays, celui des Prony, des Navier, des Poncelet, des Flachat, des Polonceau, des Clapeyron, des Bresse, ne saurait rester en arrière. Il y aurait là une anomalie inexcusable autant qu'inexplicable.

Il y a une vingtaine d'années, l'illustre Würtz, après un voyage en Allemagne, était parvenu à appeler l'attention du public savant sur les splendides laboratoires dont les universités de ce pays avaient été dotées. Le mouvement d'opinion qu'il avait provoqué n'est pas étranger aux améliorations qui ont été déjà introduites dans la plupart de nos grands établissements d'enseignement supérieur, améliorations qui se poursuivent en ce moment même sur une si grande échelle, à Paris, où, après la reconstruction de l'École de pharmacie, on a entrepris celle de l'École de médecine et celle de la Sorbonne, qui, dit-on, doit être suivie d'importants agrandissements projetés pour le Collège de France.

Je n'ai pas l'autorité de Würtz; mais je ne suis pas moins dans mon rôle en saisissant l'occasion qui m'est offerte de réclamer pour l'enseignement technique une part de ce que l'on a fait et de ce que l'on projette si libéralement pour les hautes études scientifiques. On a souvent désigné le Conservatoire des arts et métiers sous le nom de *Sorbonne de l'industrie*. Il serait naturel, dans l'ère essentiellement industrielle où nous vivons, de ne rien négliger pour l'aider à confirmer, à accentuer ce surnom caractéristique. Si, jusqu'à présent, cet établissement, l'un des plus populaires qu'il y ait à Paris, soutenu par tous les gouvernements qui se sont succédé depuis sa fondation, a répondu, aussi bien que possible, à sa destination, le moment serait mal choisi pour s'arrêter, et il faut, au contraire, se hâter de créer les chaires qui lui manquent et de le doter d'un laboratoire de mécanique pratique tout à fait digne de sa réputation.

Je sais bien que l'on va m'accuser de prêcher *pro domo meâ*; mais j'ai la conscience de remplir un devoir, et je me crois autorisé à parler ainsi au nom de tous ceux qui savent combien l'avenir du pays est étroitement lié à celui de l'industrie et du commerce, au nom surtout du Ministre, je devrais dire des Ministres de ce département, car je n'en ai pas vu un seul qui ait hésité à reconnaître que nous devions faire les plus grands efforts pour développer l'enseignement technique. Il faudrait seulement leur donner le temps de s'asseoir et l'argent, sans lequel les meilleurs projets avortent. C'est pour préciser, et parce que je connais mieux cet établissement que les autres, que j'ai parlé surtout du Conservatoire. Les réflexions générales que j'ai présentées s'appliquent aussi bien à nos écoles spéciales, à toutes celles qui forment des ingénieurs, aux écoles professionnelles existantes ou à la création desquelles il faut songer sérieusement. Je rappellerais, à tous ceux qui hésitent ou qui temporisent, l'avertissement si formel de Humboldt :

« **Les peuples qui ne prennent pas une part active au mouvement industriel doivent infailliblement
déchoir de la prospérité qu'ils avaient acquise : l'appauvrissement est d'autant plus rapide que les États
limitrophes rajeunissent davantage leurs forces par
l'heureuse influence des sciences sur les arts.** »

Je me hâte, Mesdames et Messieurs, d'écarter même
l'idée d'un ralentissement dans la marche ascendante que
notre industrie a toujours suivie dans le courant de ce
siècle; mais, après avoir indiqué comment et à l'aide de
quelles institutions le mouvement avait été déterminé, j'ai
pensé qu'il n'était pas inutile de rappeler ce qu'il y a à
faire pour l'entretenir. Je ne me croirais pas digne de diriger un établissement dont le nom a été si heureusement
choisi par ses fondateurs, si je n'étais pas sans cesse
préoccupé des moyens de maintenir, de conserver la légitime réputation de nos industries perfectionnées et qui
doivent tant, ceux qui les exercent le savent bien, aux
lumières que leur fournit la science.

Je ne crains donc pas d'être accusé de ce que l'on pourrait qualifier de particularisme, car je suis certain, au
contraire, de représenter ici les intérêts de la plus grande
variété de professions qu'il soit possible d'imaginer. Si j'ai
parlé longuement, trop longuement peut-être, des ingénieurs, c'est qu'il est impossible de méconnaître qu'ils sont
devenus les instruments les plus indispensables de la civilisation et que leur place est un peu partout. Nous allons,
après le Congrès, parcourir ce beau pays, où l'agriculture
a eu autrefois et doit reprendre entre nos mains une
importance capitale; nous allons admirer les résultats des

efforts incessants et si méritoires de nos colons, légitime-
ment fiers de pouvoir dire, dès à présent, qu'ils feront de
l'Algérie non seulement le grenier, mais le cellier d'une
partie de l'Europe. Nous visiterons, avec une véritable
joie, des cultures qui, par le soin qu'on y apporte, nous
rappelleront celles de notre chère France, et qui sont
encore plus favorisées par le climat; nous trouverons
aussi, avec le souvenir d'un passé militaire glorieux, les
traces des travaux entrepris par nos officiers du génie, si
prodigieusement développés par nos ingénieurs civils : des
routes, des barrages, des canaux d'irrigation, des ponts,
des chemins de fer, des exploitations minières, des oasis
fertilisées par des puits artésiens, des villages et jusqu'à
des villes florissantes.

L'une de ces villes de la province d'Oran, qu'un bon
nombre d'entre nous se proposent de visiter, a été fondée
par l'un de nos plus sympathiques collègues de l'Association française, l'excellent, le digne général Prudon,
qu'une maladie douloureuse a pu seule empêcher de venir
nous en faire les honneurs. Je suis allé le voir avant de
quitter Paris, et voici ce qu'il m'a recommandé : « Si vous
allez à Bel-Abbès, et que mon nom soit prononcé, ayez
soin de déclarer que je n'ai pas d'autre mérite, pas d'autre
prétention que d'avoir fait mon métier et mon devoir là
comme ailleurs; c'est aux colons seuls qu'il convient de
faire honneur de la prospérité de cette ville ». Tous ceux
qui ont eu le bonheur d'avoir des relations avec le général
Prudon et qui savent les grands services qu'il a rendus en
temps de guerre comme en temps de paix le reconnaîtront
à ce trait, et l'on me permettra d'ajouter que cette délica-
tesse de sentiments, cette modestie vraiment républicaines

qui forment un contraste si rassurant avec les cas de délire par ambition dont nous sommes quelquefois témoins, sont moins rares, fort heureusement, qu'on ne serait tenté de le supposer.

Je terminerai ce trop long discours par un conseil, que nos chers colons me permettront peut-être de leur donner, en considération de mon âge d'abord, et aussi parce qu'ils ne peuvent pas douter de mes intentions.

J'ai cherché à démontrer la très grande importance des arts industriels, en m'exposant à me faire dire que je n'apprenais rien à personne. Je l'ai fait, parce que j'ai pensé que mes fonctions officielles m'y invitaient; mais j'ai pensé aussi que, dans ce vaste pays, neuf ou depuis longtemps reposé, où l'agriculture est la tentation naturelle, il était bon d'appeler l'attention sur la nécessité de ne pas perdre de vue qu'il y faut réserver une place à l'industrie.

Je sais qu'indépendamment des écoles d'agriculture, des fermes ou des bergeries modèles, on a déjà créé une école d'apprentissage d'arts et métiers à Dellys; il faut songer à créer d'autres écoles professionnelles et à y attirer les indigènes, mettre à profit l'adresse manuelle très commune dans un pays où l'homme a été pendant si longtemps obligé d'exercer plusieurs professions à la fois, de se suffire à lui-même, et où certaines tribus ont acquis une réputation méritée dans des arts qui exigent souvent autant de goût que d'habileté.

La civilisation, je ne saurais trop le répéter après Humboldt, est désormais fondée sur la connaissance approfondie de toutes les forces de la nature, et les peuples

les plus avancés sont ceux qui savent le mieux utiliser toutes celles qui sont à leur portée. Laissez-moi vous citer une dernière fois l'Amérique, où les États du Nord, qui sont essentiellement industriels, ont réussi et devaient réussir à imposer leur volonté à ceux du Sud, qui étaient surtout agricoles et qui deviennent à leur tour industriels.

Soyez agriculteurs et viticulteurs, nous vous en serons, nous vous en sommes déjà reconnaissants, mais n'oubliez pas que l'industrie est l'âme ou, pour rester dans le ton de ce discours, le grand ressort de la civilisation moderne.

Imprimerie Nationale. — Avril 1888.

9 782329 680453